PIANO · CANTO · GUITARRA   PIANO · VOCAL · GUITAR

SU MATRIMONIO ETERNO
YOUR ETERNAL MARRIAGE

Y0-BGE-389

ISBN 0-634-05139-3

HAL•LEONARD®
CORPORATION
7777 W. BLUEMOUND RD. P.O. BOX 13819 MILWAUKEE, WI 53213

Visit Hal Leonard Online at
www.halleonard.com

CONTENTS

4 AHORA SEREMOS FELICES (LA CASITA)

10 AMOR (AMOR, AMOR, AMOR)

7 AMORCITO CORAZÓN

14 BAJO UN PALMAR

18 BÉSAME

23 BÉSAME MUCHO (KISS ME MUCH)

26 BOHEMIO ENAMORADO

34 CLÁVAME TU AMOR

31 COMO FUE

47 CUANDO ME MIRAS ASÍ

40 DÉJAME ENTRAR

52 ENAMORADO DE TÍ

56 ENTRA EN MI VIDA

63 ES POR TÍ

68 FRENESÍ

78 FRUTA FRESCA

73 HASTA QUE TE CONOCÍ

86 LO HARÉ POR TÍ

102 MI CARIÑITO

106 MUJER

93 MUY DENTRO DE MÍ
(YOU SANG TO ME)

110 NO MORIRÁ
(NO MATTER WHAT)

114 PALMERA

118 QUISIERA SER

129 SIEMPRE EN MI MENTE

132 SOLAMENTE UNA VEZ
(ONLY ONCE IN MY LIFE)

136 SUAVEMENTE

148 TRIUNFAMOS

156 TÚ SÓLO TÚ

151 VIDA

AHORA SEREMOS FELICES
(La Casita)

Words and Music by
RAFAEL HERNÁNDEZ

Yo ten-go ya la ca-si-ta que tan-to te pro-me-
Pa-ra com-ple-tar la di-cha y nues-tra fe-li-ci-

tí, _____ y lle-na de mar-ga-ri-tas pa-ra tí,
dad, _____ ha-ce fal-ta u-na co-si-ta que se-rá

AMORCITO CORAZÓN

By MANUEL ESPERÓN
and PEDRO DE URDEMALAS

Moderado

A - mor - ci - to co - ra - zón, yo ten - go ten - ta - ción de un

be - so   que se pren-de en el ca - lor de

nues - tro gran a - mor, mi a - mor.   Yo quie - ro

AMOR
(Amor, Amor, Amor)

Music by GABRIEL RUIZ
Spanish Words by RICARDO LÓPEZ MÉNDEZ
English Words by NORMAN NEWELL

G7   Dm7 G7   C

lov - in' be - gin? A - mor,   a - mor,   a -
ñal de la cruz. A - mor,   a - mor,   a -

rit.
a tempo

mor. _____   The time is right,   we have to -
mor. _____   Na - ció de tí,   na - ció de

G7

night   to spend to - geth - er. _____   A -
mí,   de la es - pe - ran - za. _____   A -

3
3

Dm   G7

mor,   a - mor,   a - mor,   and who can
mor,   a - mor,   a - mor.   Na - ció de

BAJO UN PALMAR

Words and Music by
PEDRO FLORES CÓRDOVA

de - ba - jo de un pal - mar; y e - ra que es - ta - bas pre - cio - sa con el co - lor de

ro - sa de tu tra - je sen - ci - llo y sin i - gual, e - ra que e - ras no - via

mí - a y que yo te sen - tí - a ner - vio - sa en - tre mis bra - zos sus - pi - rar.

E - ra que to - do fue un sue - ño, pe - ro lo - gré mi em - pe - ño por - que te pu - de be -

BÉSAME

Words and Music by RICARDO MONTANER
and JORGE LUIS CHACÍN

BÉSAME MUCHO
(Kiss Me Much)

Music and Spanish Words by CONSUELO VELÁZQUEZ
English Words by SUNNY SKYLAR

BOHEMIO ENAMORADO

Words and Music by
DONATO PÓVEDA LÓPEZ

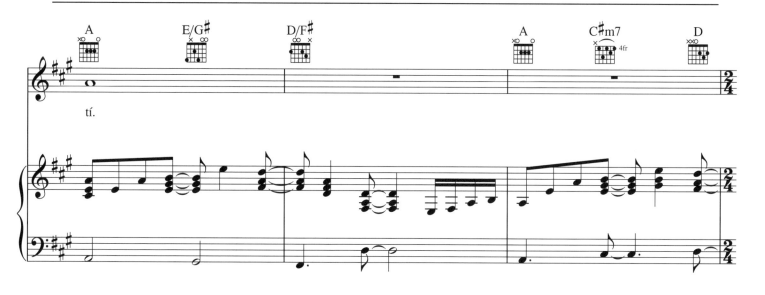

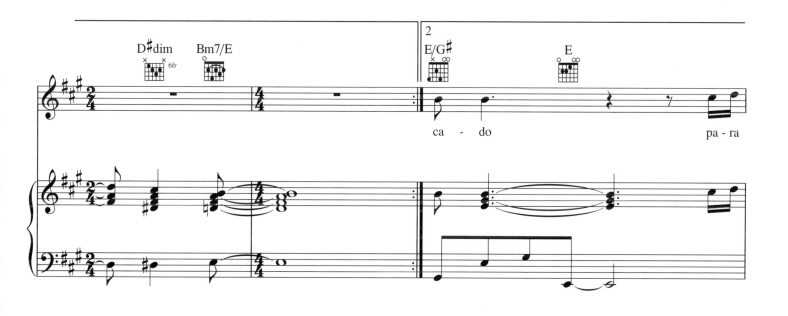

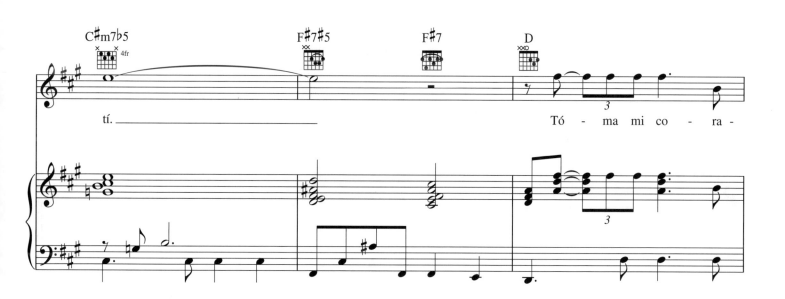

COMO FUE

Words and Music by
ERNESTO DUARTE BRITO

Moderado lento

Co-mo fue no sé de-cir-

Instrumental

te co-mo fue no sé ex-pli-car - me que pa-só

pe-ro de tí me en-a-mo-ré.

CLÁVAME TU AMOR

Words and Music by JOSE LUIS ARROYAVE
and OMAR SÁNCHEZ

Moderado

No ha-go más que es-tar pen-san-do to-do el dí-a, en tí. Si no te tu-vie-ra yo no sé que ha-rí-a, __ sin tí. Te has a-po-de-ra-do de mi pen-sa-mien-

-to, no pue-do ol - vi - dar-te ni un so - lo mo-men - to y no quie-ro

na - da más que a - mar - te a - sí.

En mis fan-ta - sí - as pier-do la ca - be - za,
Da-me tu ter - nu - ra llé - na-me de cal - ma,

por tí. Y me gus-ta - rí - a ser tu pri - sio-ne -
a - sí. Pa - ra que te que-des den-tro de mi al -

DÉJAME ENTRAR

Words and Music by CARLOS VIVES,
MARTÍN MADERA and ANDRÉS CASTRO

41

sue - ño__ que pe - r - fu - ma las__ ma - dru - ga - das con el a - ro - ma de su

cuer - po y__ me da__ bue - nos__ días al__ sol en lo ca - lien - te de sus__

__ be - sos. ___

46

CUANDO ME MIRAS ASÍ

Words and Music by ADRIAN POSSÉ
and SANTI MASPONS

Y sé que a-quí ___ es mi lu - gar. ___ Y sé que a tí ___

___ yo quie - ro a - mar. ___ En tí pue-do ver ___

ENAMORADO DE TÍ

Words and Music by
RAFAEL HERNÁNDEZ

Si vi - vo pa - ra tí, _____ ¿por qué _____ lo he de ne - gar? _____ Si es tan - to mi su - frir, _____

¿por qué _____ lo he de o - cul - tar? _____ No he de vi -

54

ENTRA EN MI VIDA

Words and Music by LEONEL GARCÍA
and NOEL SCHAJRIS

ES POR TÍ

Words and Music by
JUAN ESTEBAN ARISTIZABAL

Moderado rápido

Ca - da vez que me le - van - to,
Y ca - da vez que yo te bus - co,

y ve - o que a mi la - do es - tás, ___ me sien - to re -
y no ___ te pue - do a - ún ha - llar, ___ me sien - to un va -

no - va - do. ___ Y me sien - to a - ni - qui - la - do, ___
ga - bun - do. ___ Per - di - do por el mun - do, ___

de un ro - jo a -tar - de - cer.   Y es por   tí... _____

que la - te mi co - ra - zón.   Y es por   tí... _____

que bri -llan mis o - jos hoy.   Y es por   tí... _____

que he vuel - to a ha - blar ___ de a -mor.   Y es por   tí... _____

que cal - ma mi _____ do - lor. _____

Ca - da vez que me le -

FRENESÍ

Words and Music by
ALBERTO DOMÍNGUEZ

HASTA QUE TE CONOCÍ

Words and Music by
JUAN GABRIEL

que no te de-bí-a_a - mar.___ Por-que_a-ho - ra pien-so en

tí   más   que_a - yer,   mu - cho   más. ___

To Coda ⊕

D.S. al Coda

Has-ta   que   te   co - no-

FRUTA FRESCA

Words and Music by
CARLOS VIVES

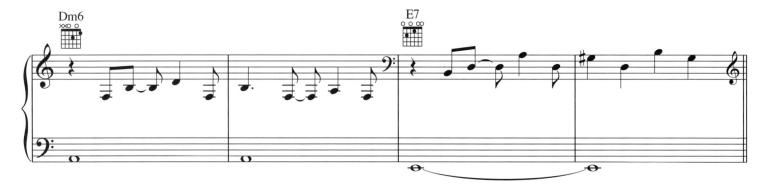

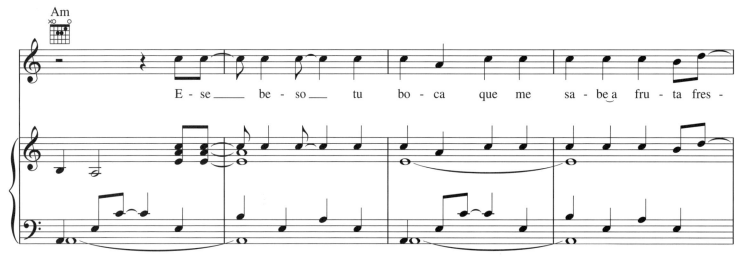

E - se__ be - so tu bo - ca que me sa - be a fru - ta fres -

- ca que se es - ca - pó__ tus la - bios y se__ me - tió en mi ca -

LO HARÉ POR TÍ

Words and Music by
SALGADO ESTÉFANO

MUY DENTRO DE MÍ
(You Sang to Me)

Words and Music by CORY ROONEY
and MARC ANTHONY

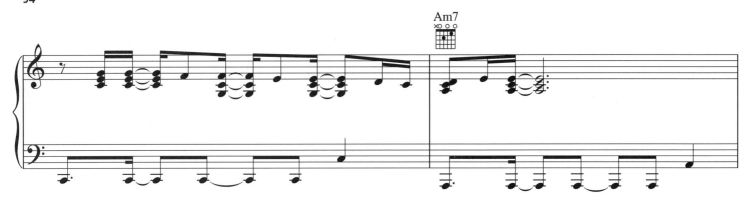

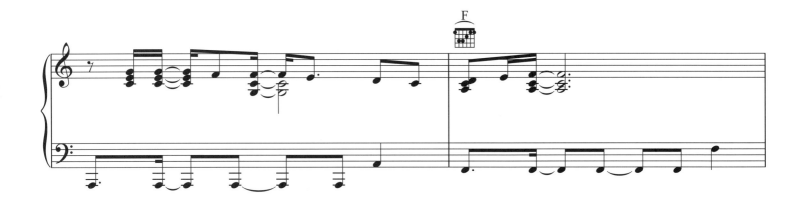

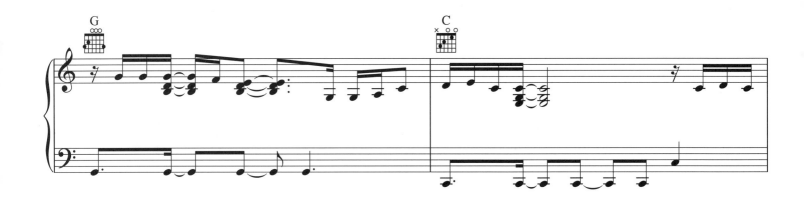

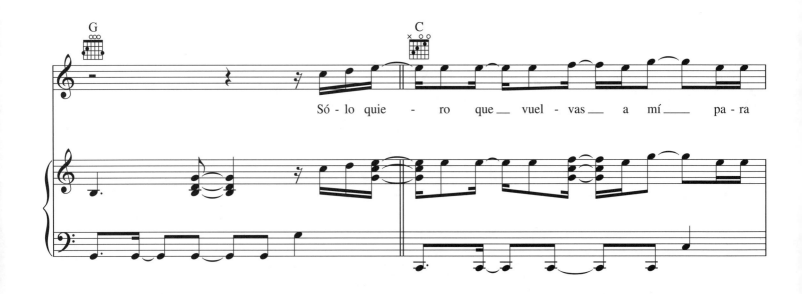

Só - lo quie - ro que vuel - vas a mí__ pa - ra

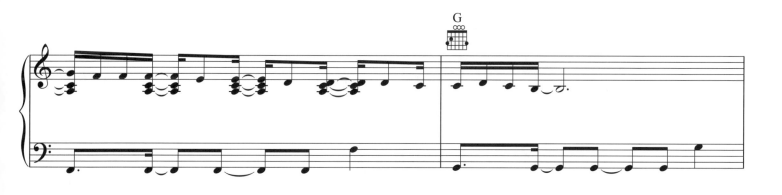

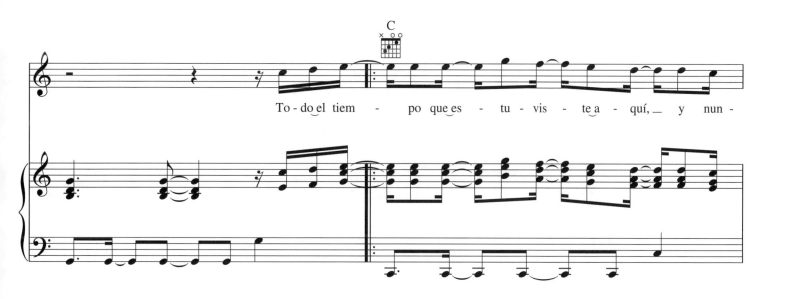

To - do el tiem - po que es - tu - vis - te a - quí,__ y nun -

ca te vi. Y la luz___ de a - mor___ bri - lla - ba ar - dien - te en tu___

___ mi - rar. ¡Que cie - go fui!_____ Nun - ca te vi,___

_____ y hoy te sien - to muy den - tro ___

___ de mí. E - sa lla - ma de___ a - mor, só - lo___ la en - cien-

MI CARIÑITO

Words and Music by PEDRO DE URDEMALAS
and MANUEL ESPERÓN GONZÁLEZ

cie - lo me dió un ca - ri - ño sin me - re - cer - lo. ____

____ Mi - ran - do ¡ay! e - sos o - ji - tos sa - brán quien

es. ____ Con e - lla no ex - is - te

pe - na que de - ses - pe - re. ____ Ca -

MUJER

Words and Music by
AGUSTÍN LARA

Moderately

Mu - jer, _____ mu - jer di - vi - na, _____ tie - nes el ve - ne - no que fas - ci - na en tu mi -

NO MORIRÁ
(No Matter What)

Words and Music by ANNE GODWIN
and LARRY LANGE

PALMERA

By AGUSTÍN LARA

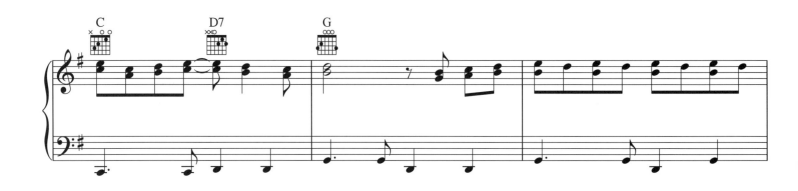

Hay _____ en tus o - jos el ver-de es - me -

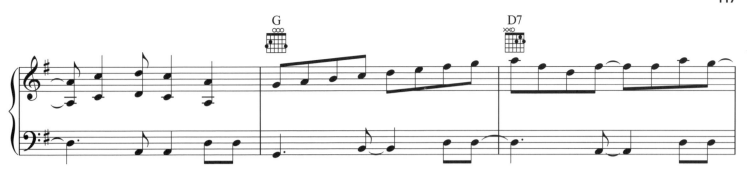

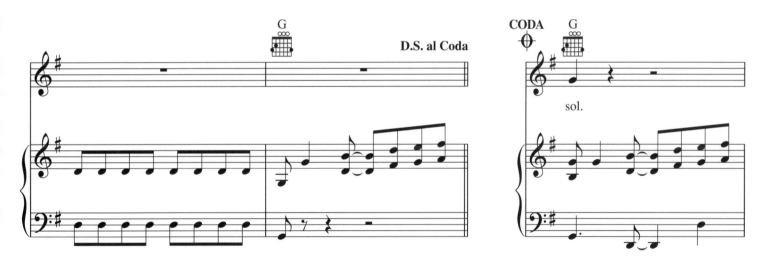

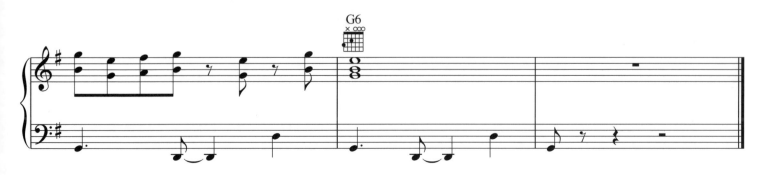

QUISIERA SER

Words and Music by
ALEJANDRO SÁNCHEZ PIZARRO

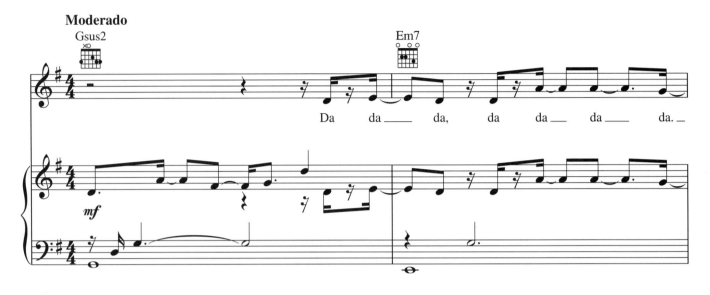

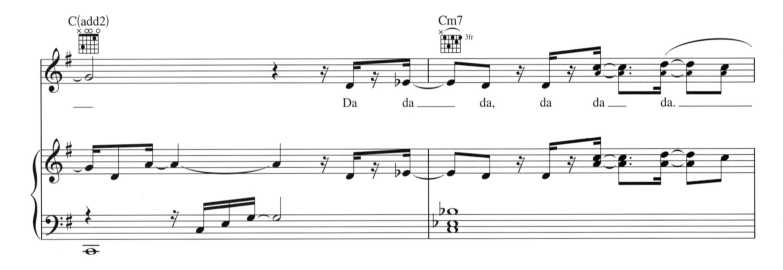

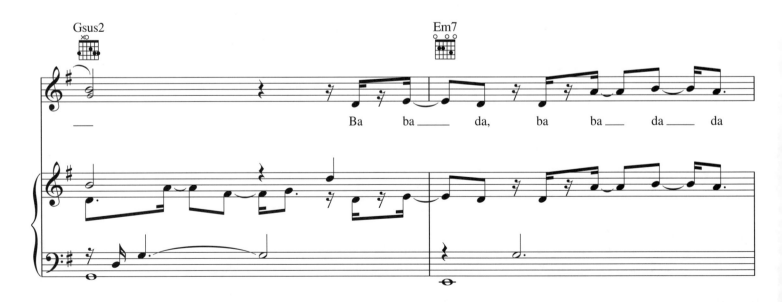

Te has pre-gun-ta-do al - gu-na vez,_ di la ver-dad, si sien-te el vien - to

de - ba - jo de tu ro - pa_____

cuan-do te ba-ñas en el_ mar des - nu-da y te a - ca - ri - cia el cuer - po_____

en la_ fies - ta_ de tu piel._____

SIEMPRE EN MI MENTE

Words and Music by
JUAN GABRIEL

F   Fm   C   G7

vi - de si es-tás tú.____ Siem - pre tú tú tú _____ siem-pre en mi men -

1   2,3

C   C

- te.   - te.

G7

Que voy a ha - cer no sé, no en-cuen - tro

C   G7

na - da na-da na - da. La so-lu - ción no sé co - mo en-con -

SOLAMENTE UNA VEZ
(Only Once in My Life)

Music and Spanish Words by AGUSTÍN LARA
English Words by RICK CARNES and JANIS CARNES

SUAVEMENTE

Words and Music by
ELVIS CRESPO

Moderately fast

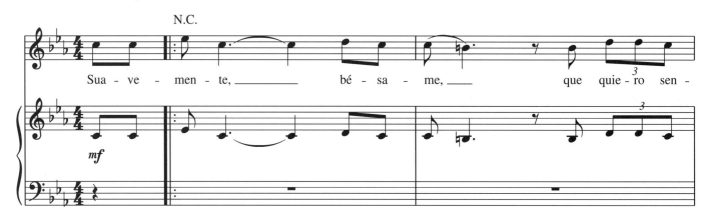

Sua-ve-men-te, _____ bé-sa-me, _____ que quie-ro sen-

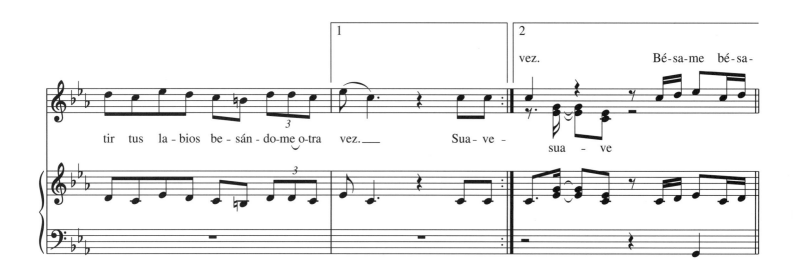

tir tus la-bios be-sán-do-me o-tra vez. _____ Sua-ve-

vez. Bé-sa-me bé-sa-
sua - ve

me. Bé-sa-me o-tra vez. Que yo quie-ro sen-tir tus _____
sua - ve sua - ve

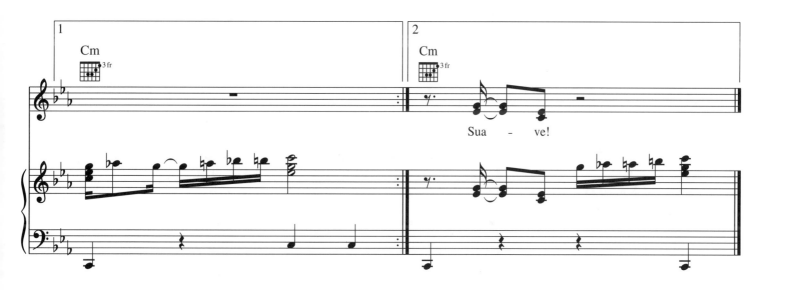

Sua - ve!

TRIUNFAMOS

By RAFAEL CÁRDENAS

VIDA

Words and Music by
ARMANDO LARRINAGA

TÚ SÓLO TÚ

By FELIPE VÁLDEZ LEAL